# CONTENTS

- **2** はじめに
- **4** ミオドレ式のココがすごい！ **6大ポイント**
- **6** ダイエット枕で体が変わる！ **10のいいこと**
- **8** 驚きの効果を実感「ダイエット枕を1ヵ月使ってみました！」体験レポート
- **10** ダイエット枕でお腹がペタンコ＆姿勢がよくなる理由
- **12** 枕のふくらませ方
- **14** 枕の使い方
- **16** たったこれだけ！ 寝るだけミオドレ式ダイエット枕ストレッチ
- **18** 枕で部分やせストレッチ
- **20** オフィスでもできる 座ってラクラクダイエット枕
- **22** ダイエット枕×ミオドレ式くぼみ押しでさらに効果アップ!!
- **26** ダイエット枕×ミオドレ式マッサージでお悩み解決！
  猫背／腰痛／肩こり／むくみ／便秘
- **32** Q&A
- **34** ご使用上の注意

ミオドレ式の<br>ココが<br>すごい！

# 6大ポイント

## ミオドレ式ダイエット枕って？

ミオドレ式とは、筋肉をデトックスするマッサージ法＝ミオドレナージの理論を元にした美容法です。この理論にのっとって開発されたのが「ミオドレ式ダイエット枕」。寝るだけで、縮んだ筋肉を伸ばし、伸びた筋肉を縮めるストレッチができるように設計されています。そのため毎日続ければ筋肉の伸縮バランスを整えて、筋肉内脂肪を除去。同時に筋肉の動きをよくして、代謝を上げ、ボディラインを整えます。

## 1 縮んだ3ヵ所の筋肉を一気に伸ばせるから
## お腹ぽっこりと猫背を同時に解消

**T字形には理由がある！**

基本のストレッチは、枕の上にあお向けになり、両腕両脚を伸ばすだけ。胸の筋肉（大胸筋）、お腹の筋肉（腹筋群）とそけい部の筋肉（腸腰筋）が伸びることで、猫背やお腹ぽっこりを同時に解決できます。

＼のびのび〜／

## 2 半円形の断面だから、
## 抜群の安定感

枕の特徴はT字形なことだけではありません。断面がかまぼこのような半円形になっていて、床にあたる平らの面で体を支えてくれるので、寝ても安定感抜群！ 最初の頃は、筋肉が硬いと安定感が悪いと感じるので、その場合は空気を抜いて調整を。

＼乗ったときグラグラしない！／

## 4 座っても使えるから、オフィスや勉強中にも!

イスにセットして、座りながらも使えます。デスクワークや勉強中に崩れがちな姿勢を美姿勢に。また、腕を後ろにまわせば猫背改善や肩こりの予防にも。脳への血流もよくなるので、集中力もアップします。

## 3 空気の量を調節することで負荷レベルを変えられる

空気をたくさん入れて、枕をふくらませるほど、枕に高さが出て負荷が上がります。目安は80%くらい空気を入れること。これくらいの高さで寝て、キツイと思ったら空気を抜いて、負荷を軽くすることができます。

## 5 クッション性があるから、使用中は痛くない!

オススメの使用時間は3〜10分。体に痛みや違和感を覚えないならば、10分以上続けて行ってもいいし、短い分数を何回行ってもOK。空気によるクッション性の高い枕なので、使用中に背中やお尻が痛くなりません。

ふかふか!

## 6 枕の置き方しだいで様々な不調を改善できる

「基本の姿勢」以外にも、枕を太ももの下に置いたり、足首の下に置くことも。枕の位置を変えるだけで、気になる部分やせや肩こり、腰痛などの不調をピンポイントで改善できます。

いいことだらけだニャ♥

# ダイエット枕で体が変わる！
# 10のいいこと

ダイエット枕を使い始めると、まず何より感じるのは「体が伸びて、気持ちいい〜」ということ。その気持ちよさを感じながら、ダイエット枕を使い続けていくうちに、気づけば体にいい変化が続々と訪れます！

## 3 猫背が治る

猫背は背中側の筋肉が伸びて、お腹側の筋肉が縮んでいる状態。長い期間無理に背中の筋肉を伸ばし続け、お腹の筋肉を縮ませ続けたことによって、筋肉が疲労しています。ダイエット枕を使うと、縮んだお腹の筋肉が伸び、伸びた背中の筋肉が縮んで、猫背になりにくい筋肉バランスに。さらに一日の終わりの習慣にすれば、一日中酷使された筋肉がストレッチされて、翌朝は体が軽く、美姿勢でスタートできます！

## 美肌になる 1

背中の筋肉が伸び、胸の筋肉が縮んでいると、上半身の血流が悪くなります。ダイエット枕で上半身の筋肉の伸縮バランスを整えることで、顔の血流やリンパの流れが促進。老廃物の排出力も高まるので、肌の透明感がアップ！

## 睡眠の質が上がる 4

夜、寝る前に、ダイエット枕の基本姿勢でストレッチ。すると、生活習慣の中で1日中縮んでしまった筋肉が伸ばされ、筋肉周囲の血行が促進。お風呂に入った後のように、全身に血液が行きわたって体がポカポカに。また、全身の筋肉の緊張がとれて、睡眠を司る副交感神経が優位になるので、寝つきがよくなります。さらに、睡眠が深くなり、質も上がるので、前日の疲れが残らず、目覚めもすっきり！

## 2 骨盤の歪みがとれる

脚を組んだり、バッグをいつも同じ側で持ったり、どちらかに重心をかけて立ったり、こんな習慣で骨盤はどんどん歪みます。骨盤が歪むと腰痛の原因になったり、腰まわりの血行が悪くなるので生理痛やPMSなどの不調も。さらにお腹や腰まわりにぜい肉がつきやすくなります。ダイエット枕を使うと骨盤を歪んだままロックしていた硬い筋肉がほぐされ、骨盤の歪み改善をサポート。

## 8 肩こり・腰痛が軽減する

肩こりは肩だけの問題ではありません。首や背中、腕の筋肉が硬くなると血行が悪くなります。すると肩まわりに疲労物質がたまり、肩こりを引き起こすのです。マッサージで肩だけを揉んでも、腕や背中の筋肉の状態が悪ければ、すぐに肩の血流も悪化します。そこで、ダイエット枕で肩、背中、胸、腕を同時にストレッチすることで、上半身の血流を一気に促進。肩こりがラクになります。腰痛も腰まわりの筋肉がほぐれることで軽くなります。

## 5 バストアップ

猫背のときのバストトップの位置を確認してみてください。バストが下に垂れていませんか？ お腹の筋肉が縮み、背中の筋肉が伸びると、同時に胸の筋肉も縮んでバストが垂れてきます。そこでダイエット枕の登場！ 縮んだ胸の筋肉をストレッチすると、その上にあるバストもアップ！ キレイなデコルテとバストラインになります。

## 9 集中力がアップ

ダイエット枕は座って使うこともできるスグレモノ。イスに置いて使えば、正しい座り姿勢をキープしたまま、仕事や勉強をすることができます。正しい姿勢だと、脳への血流がよくなり、集中力もアップ！

## 6 お腹がへこむ

一番に変化を感じるのが〝お腹〟。下がった内臓が上がるので、ダイエット枕の使用前と後では数cmサイズが変わることも！ ただ放っておくとすぐに元に戻ります。そこで、毎日少しずつ使い続けて、内臓を引き上げるお腹の筋肉をやわらかくすれば内臓が常に正常な位置にキープ。また、筋肉の動きがよくなれば、内臓脂肪やお腹の皮下脂肪も燃焼して、徐々にサイズダウン！

## 10 美脚になる

基本のストレッチを行うと、太もも前面の筋肉を伸ばすことができます。また、ダイエット枕に足首をのせて前屈をすると、縮んだ脚の裏側の筋肉を伸ばすことも！ 脚の筋肉が縮むと、脚が太くなるのはもちろん、O脚やX脚など脚の形が悪くなる原因に。ダイエット枕で毎日の生活で縮みがちな脚の筋肉を伸ばす習慣をつければ、美脚に変わってきます。

## 7 冷え性改善

硬い筋肉は筋肉の中を走る毛細血管が圧迫されて、血流が悪い状態。ダイエット枕で筋肉をストレッチしてやわらかくすると、筋肉の中や周囲の血流がアップ！ 全身の隅々にまで血液が流れるようになり、足先や指先の冷えも改善します。

# 驚きの効果を実感
# 「ダイエット枕を1ヵ月使ってみました!」体験レポート

ぽっこりお腹や猫背、腰痛などで悩む6名が、ダイエット枕を試してみました。毎日3〜10分基本のストレッチを行うだけで、効果が出るの？　と半信半疑でしたが、1ヵ月後にはもう枕を手放せないほどのうれしい結果が！

※使用実感は個人の感想によるものです

下腹 -1.5cm

## 産後の開いた骨盤がキュッと中央に締まった感じ♡

M.Mさん (30代)

出産後、くびれが消え、下腹もぽっこり。また、ひんぱんに子どもを抱っこするので肩と背中の痛みがいつも消えませんでした。ダイエット枕は、毎晩のお風呂上がりと日中、息子をあやしながら使いました。10日くらいたってから、産後の開いた骨盤が中央に締まる感じがし、腰まわりのもたつきもとれてきました！ またあれほどつらかった背中や首、肩のこりが軽減しました。

骨盤の調整にも♥

腹まわり -1.5cm

## 長年の肩の痛みが解消し、深く眠れるようになった！

T.Mさん (30代)

お腹まわりのだぶついた肉を「居酒屋さんのたぬきみたい」と、妻に指摘されています。このお腹を何とかしたい！ また、悩みだった肩の痛みを軽くしたい！ という思いで、枕を毎日寝る前に10分間使いました。枕の上に寝転ぶと体全体が伸びる感覚があり、肩の痛みが解消！ さらに寝つきもよくなり、深く眠れるようになりました。とにかく使い方がラクなので続けられそうです。

この後はぐっすりzzz

バストが上がった
after before
before
after

**ウエスト -3.2cm**

## お腹の丸みがとれて ウエストが3.2cm減った！

T.Kさん（40代）

お腹まわりぽっちゃり体型がコンプレックスでしたが、使用後は丸みが薄れてスッキリしました！ 夜寝る前に使うと、リラックス効果が高く、眠りが深くなりました。日中はデスクワークが長いので、固まった体を一日1回伸ばすことで、仕事のストレスもすーっと抜け、毎晩使うのが楽しみでした。枕の上で寝ながら、マッサージもしたら、腰痛と肩こりも軽くなりました！

「ぐぃーんと伸びる〜」

---

お腹がへこんだ
after before
before
after

**腹周り -4.5cm**

## 腹周りのサイズが大幅ダウン！

A.Sさん（40代）

40を過ぎ、太りやすくやせにくくなりました。腰痛、首痛、肩痛もひどいけれど、改善法がわからずそのまま……。枕を朝晩5分ずつ使っていたら、まず感じたのは、背筋がグイッと伸びている感覚。慢性的な首の痛みもやわらぎました。自分ではよくわからなかったのですが、測ってみたらお腹周りが細くなっていたのは驚き！ このメタボ腹をへこませるために続けようと思います。

「寝転ぶだけはラク〜」

---

### 子どもの猫背にも効果あり！

勉強やゲームのやりすぎで、猫背になりがちな子どもの姿勢改善にも、ダイエット枕が役に立ちます。勉強の際にはイスに枕をセットして、寝る前には、基本ストレッチを習慣に。姿勢改善はもちろん、勉強時には集中力もアップ！

### 仕事中にも正しい姿勢をラクにキープ

K.Kさん（50代）

オフィスのイスの背もたれに置いて使用しました。高さがあるため、仕事中は腰から背中が伸び、正しい姿勢をキープしやすかったです。時々、座りながら手を後ろに組んでストレッチを。肩がグイッと伸びて気持ちよかったです。

### 朝晩2回の使用で股関節がラクに

A.Fさん（50代）

日ごろから整体に通っていますが、股関節の痛みがとれず、ストレッチをしても伸びている感覚がありませんでした。この枕を使うと、効率よく伸ばすことができて、とても気持ちがよかったです。痛みも少しやわらぎました。

# ダイエット枕で**お腹がペタンコ**&**姿勢がよくなる**理由

どうして寝るだけで、お腹がへこむの？ 有名人がボディメイクに駆け込むサロン『ソリデンテ南青山』の施術にも実際に使用されているダイエット枕。「寝るだけで体が変わる！」その理由を教えます。

## 縮んだ筋肉を伸ばして代謝を上げるのがミオドレ理論

**筋肉の伸縮バランスが整えば体は健康で美しくなる！**

人間は生物の中で、直立二足歩行をする唯一の動物。本来、4本の脚で歩くべきところを、2本の脚で重い体幹や頭を支えるために、体の前面、背面の筋肉が伸縮してバランスを保ちながら、正しい姿勢をとっています。
ところが、ハイヒールなどの歩行に向かない靴を履き、十分な量の歩行をせず、一日中、スマホやパソコンを見続ける現代人の筋肉は危機的状態！ 日常生活の悪習慣によって、筋肉の伸縮バランスが崩れ、伸びがちな筋肉と縮みがちな筋肉が生まれます。姿勢をよくするためには、縮んでいる筋肉を伸ばすことが不可欠。筋肉は縮んでいるところを伸ばせば、自然に伸びている筋肉が縮むという性質を持っています。これを利用したのが、ミオドレマッサージです。そしてその理論を活用し

### 縮 縮んだ筋肉
### 伸 伸びきった筋肉

**伸 脊柱起立筋など**
背骨の両側に沿い背骨を支える脊柱起立筋や背中の大きな筋肉・僧帽筋が伸びて猫背に。

**縮 上腕二頭筋など**
腕の前側の筋肉・上腕二頭筋はPCやスマホ作業によって縮みっぱなし。肩こりの原因にも。

**縮 腸腰筋**
骨盤と太ももの骨をつなぐのが腸腰筋。座り姿勢が続くと、常にここが縮むことに。

**縮 腹直筋など**
猫背姿勢だとお腹が曲がり、お腹にある腹直筋や外腹斜筋が縮んでお腹がぽっこり。

**縮 大腿四頭筋**
ほとんどの靴はたとえ低くてもヒールがあるため、常につま先立ち状態。そのため太ももの前側の筋肉が縮む。

**縮 ハムストリングス、下腿三頭筋**
座り姿勢が続くと、太ももからふくらはぎまで、脚の後ろ側の筋肉は常に縮んだ状態に。

### 縮んだ筋肉と伸びきった筋肉

青い部分が縮んだ筋肉、赤い部分が伸びきった筋肉。ダイエット枕に寝ることで、縮んだ筋肉が伸ばされ、反対に伸びきった筋肉が縮んで筋肉のバランスが整います。全身がやわらかく質のいい筋肉に変わり、美姿勢＆脂肪が燃えやすい体に。

## ダイエット枕で
# 体が変わる仕組み

- 縮んだ筋肉が **伸びる**
- 伸びきった筋肉が **縮む**

↓

**筋肉のバランス**がとれる

↓

**下がった内臓**がもとの正しい位置に上がる

↓

**血行**がよくなり、**代謝**が上がる

↓

## やせる！

### ソリデンテ南青山では実際の施術にダイエット枕を使用

ソリデンテでは施術中に、15分ほど遠赤外線石の温熱シートを巻いて体を温めながらダイエット枕の上に寝ます。すると、効率よく縮んだ筋肉を伸ばすことができ、その後のマッサージの効果が飛躍的にアップします！

### 落ちた内臓を引き上げて正しい位置で形状記憶！

生まれたのがダイエット枕。上に寝転ぶだけで、縮んだお腹と胸の筋肉を伸ばし、伸びきった背中の筋肉を縮め、筋肉のバランスをラクに整えることができるのです。

とお腹や胸の筋肉が硬く縮まるので、内臓が正しい位置に支えられず下がって、下腹ぽっこりに。さらに筋肉のまわりに脂肪がたまり、ぜい肉がつきます。

### 寝るだけでお腹の脂肪が燃焼

では、なぜ寝るだけでお腹がへこむのでしょう？ それは硬く縮んだお腹の筋肉を伸ばして、筋肉の質を変えるからです。

多くの人は猫背の姿勢で、一日の大半を過ごしています。猫背になる

そんな人がダイエット枕に寝てみると「伸びて気持ちいい」または慣れていないと「少しキツイ」と感じるかもしれません。これが普段縮んでいるお腹の筋肉が伸びたサイン。続ければ、まず内臓が正常な位置に戻っ

てお腹がへこみます。次に全身の筋肉の動きがよくなり、特にお腹についた脂肪がどんどん燃焼。2〜3週間もすると「ズボンがゆるくなった？」と感じられるはずです。でも1日でやめてしまえば、すぐに筋肉は悪い状態に戻ります。大事なのは、毎日少しずつ続けて、脂肪を燃焼しやすい筋肉に変えること。効果はお腹がへこむだけではありません。脚や腕が細くなったり、むくみがとれたり、肩こり・腰痛が軽くなったり、猫背の解消など、うれしい効果が続々と表れてきます。

↑空気弁
←空気弁
**本体**

# ダイエット枕のふくらませ方

ダイエット枕は縦横のポールに1ヵ所ずつ計2ヵ所の空気弁から空気を送り込むだけで、簡単にふくらませることができます。コツは指でしっかり空気弁をつまんで空気を入れること。下記を確認しながらふくらませましょう。

## 2 空気弁の根元を強くつまんだまま口でくわえて息を吹き込む

空気弁の根元を指で強くつまんだまま、空気弁を口でくわえて息を吹き込み、枕をふくらませます。息継ぎをするときはつまんだ手をゆるめると、弁が閉じて空気が抜けません。

## 1 空気弁の根元を強くつまんで空気を入れる準備をする

空気弁を本体表面から出してキャップを開き、空気弁の根元を親指と人さし指で強くつまみます。根元をつまむと中の弁が開いて空気が入りますが、つままないと空気は入りません。

## ⚠ ふくらまない！と思ったときのチェック

☐ 弁をつまみながら空気を入れていますか？

ちゃんとチェックしてニャー♥

12

ふくらませられたかニャ？

## 4 空気弁を**本体に押し込んで**表面を平らにする

空気弁を親指で上から押して、本体に押し込んで、表面を平らにします。押し込みが甘いと空気もれの原因になるので注意！（使い始めは空気弁が硬く押し込みにくい場合も）

## 3 枕がふくらんだら**キャップをしっかり閉める**

適度な硬さにふくらんだら、空気弁のキャップをしっかり閉めます。キャップが中途半端に浮き上がっていると、空気が抜ける原因になるので、しっかりキャップは閉めましょう。

市販の空気入れを使うとより簡単に空気を入れることができます。

※空気弁の構造上、先端が細い「ボール用空気入れ」は空気が入りにくいため、おすすめしません。

☐ キャップは**しっかり閉まって**いますか？

☐ 息を吹き込んでいないとき、**弁をつまんで空気がもれて**いませんか？

# ダイエット枕の使い方

ダイエット枕はただ寝るだけで、ダイエットはもちろん、肩こり・腰痛・猫背・むくみの解消、美肌まで、いくつもの嬉しい体の変化を体感できる枕です。しっかりと効果を上げるため、正しい使い方を紹介します。

ボクも一緒に寝たいニャ〜！

## ミオドレ式ダイエット枕　大解剖

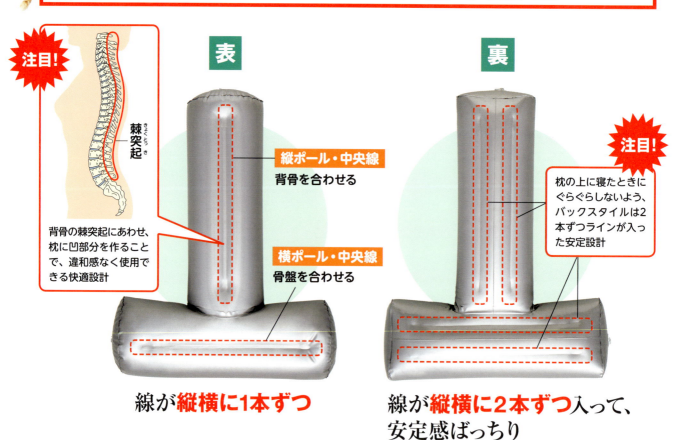

**注目！**
背骨の棘突起にあわせ、枕に凹部分を作ることで、違和感なく使用できる快適設計

棘突起（きょくとっき）

**表**
- 縦ポール・中央線 　背骨を合わせる
- 横ポール・中央線 　骨盤を合わせる

線が**縦横に1本ずつ**

**裏**
**注目！**
枕の上に寝たときにぐらぐらしないよう、バックスタイルは2本ずつラインが入った安定設計

線が**縦横に2本ずつ**入って、安定感ばっちり

グラグラしない！

**横**

**半円形**だから揺れても倒れない

# さあ、乗ってみよう！

**枕の効果を持続させるため、使用前に枕のふくらみを確認して、高さの調整をしましょう。**

## 1 横ポールを両手でおさえる

ダイエット枕の表を上にして、横ポールの上部がお尻にあたるようにセットします。そして、横ポールの左右の端を、両手でおさえましょう。

## 2 両手で体を支えながらお尻の位置を合わせる

片手で横ポールをおさえ、反対の手は床において体を支えます。そして、横ポールの真ん中にお尻の中央がのるようにお尻を浮かせて位置を合わせましょう。

**横ポールの真ん中にお尻の真ん中がくるように**

## 3 上体をゆっくりと後ろに倒す

両手を床において、体を支えながら、縦ポールの中央線に背骨が沿うように、ゆっくりと上体を後ろに倒していきます。

## 4 お尻の位置を合わせたら両腕両脚を伸ばす

体を倒すときにお尻の位置が横ポールの中央からずれたら、両手で横ポールをおさえながら位置を合わせます。位置をきちんと合わせたら、両腕両脚を伸ばしましょう。

## 高さ調整のポイント

空気は押して少しへこむくらいから始めます。この高さでストレッチをして、キツイと感じたら空気を抜いてみましょう。手で押してペコッとへこむのが初級者向けです。

**少しペコ　空気8割くらい**
■ 初級者向け

**パンパン　空気9割くらい**
■ 負荷を上げたい人
■ 身長180cm以上の人

\たったこれだけ！/ ミオドレ式
# 寝るだけダイエット枕ストレッチ

ダイエット枕の上に寝て腕と脚を伸ばすだけで、縮んだ胸とお腹、ももの付け根の筋肉が伸び、一方で伸びきった背中の筋肉が縮んでお腹がへこみます。ストレッチは枕の安定をよくするため、やわらかすぎないカーペットや畳の上で行って。枕にのっていない頭や足が痛いと感じる場合は、薄いタオルを敷いて行いましょう。

## 基本のストレッチ

**腹筋群 が伸びる！**
デスクワーク、勉強など長時間の座り姿勢によって縮んだ腹筋群（腹直筋＆外腹斜筋）が伸びます。お腹ぽっこり、腰痛、便秘改善にアプローチ。

**腸腰筋 が伸びる！**
縮むことで猫背、反り腰、ぽっこりお腹を招く腸腰筋が伸びます。また、この部分が伸びることにより、骨盤を本来の傾斜角（12度）に正します。

**基本の枕の位置**
P15の乗り方を参考にして、お尻の中央にある骨（座骨）が枕の横ポールの中央線にあたるように枕をセットします。

## 負荷 中　基本のストレッチがつらいなと思ったら……

**大胸筋　腹筋群　腸腰筋**

両腕を頭上に伸ばすのがつらい人は、肩の高さに合わせて真横に伸ばしたまま、3～10分キープしましょう。

**スイングしてさらに効果UP**

基本のストレッチの姿勢から、頭上に伸ばした両腕を上下にできる範囲で、ゆっくりとスイングさせます。スイングした勢いで、よりお腹やわきの筋肉が伸びて、ストレッチ効果がアップ。体がぐらぐらする人はムリに行わないで。

## 枕の上に**あお向け**になり両腕両脚を伸ばす

「基本の枕の位置」にセットし、背骨を縦ポールの中央線に沿わせてあお向けになります。両腕は手のひらを上にして頭上に伸ばし、両脚もひざを曲げずにラクに伸ばしたら、3〜10分キープ。

**大胸筋**が伸びる！

腕を上げることで大胸筋の筋線維のねじれが解け、胸の筋肉が伸びます。猫背、巻き肩を改善し、本来の正しい姿勢に。

**負荷 小** それでもつらいときは……

大胸筋　腹筋群

両腕は体の横のラクな位置におきます。両ひざを立てて3〜10分キープ。ラクになってきたら両脚を伸ばしましょう。

# ダイエット枕で部分やせストレッチ

枕の位置を変えて寝転ぶだけで、部分やせもできます。基本のストレッチでお腹やせの準備が整ったら、気になる箇所の部分やせストレッチもどうぞ。もたついたぜい肉がとれて、メリハリ美ボディに！

## 太ももやせ　内もものもたつきと、前ももの張りをとって細く！

### 枕の位置
両脚の太ももの前側の付け根に、横ポールの上部があたるように枕をセット。

### 太ももに枕をセットしてももの付け根を伸ばす

枕の上にうつぶせになり、片方の脚のひざを曲げたら同じ側の手で足の甲をつかみます。反対の腕は頭上に伸ばします。ももの付け根（そけい部）が伸びたところで10〜20秒キープ。首はどちらかラクなほうに傾けて。反対側も同様に。

ここの筋肉が伸びる

## ふくらはぎやせ　ひざ上をほぐすことで、ひざ下のむくみ解消！

### 枕の位置
うつぶせになったときに、ひざの上に枕の横ポールがくるようにセット。

### ひざ上に枕をセットして太ももの前側を伸ばす

うつぶせになり、片方の脚のひざを曲げます。同じ側の手で甲をつかみ、かかとがお尻につくように。反対の腕は頭上に伸ばします。太ももの前側が伸びたところで10〜20秒キープ。首はどちらかラクなほうに傾けます。反対側も同様に。

ここの筋肉が伸びる

# バストアップ 上向きトップの形の良いバストラインに

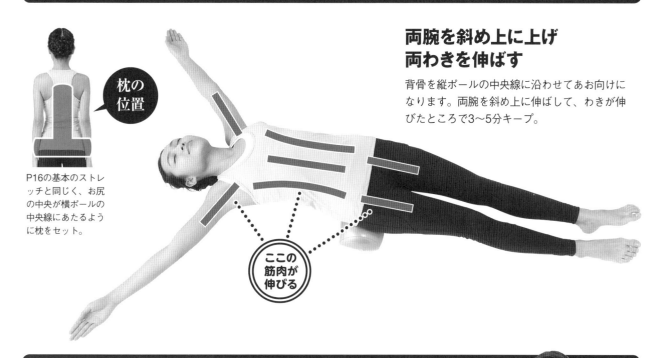

## 両腕を斜め上に上げ両わきを伸ばす

背骨を縦ポールの中央線に沿わせてあお向けになります。両腕を斜め上に伸ばして、わきが伸びたところで3〜5分キープ。

**枕の位置**
P16の基本のストレッチと同じく、お尻の中央が横ポールの中央線にあたるように枕をセット。

**ここの筋肉が伸びる**

# ヒップアップ 横広がりのお尻を中央に寄せて、小さく、形よく

**枕の位置**
横ポールの下側に足首をひっかけるように、枕に両足首をのせます。

## 枕に足首をのせて太ももの裏側を伸ばす

枕に両足首をのせて両脚を伸ばして座り、両手を体の後ろにつきます。太ももの裏側が伸びたところで、3〜5分キープ。

**ここの筋肉が伸びる**

前屈するともっと効く!

## 枕のせ前屈でさらに太もも裏を伸ばす

上のストレッチで太ももの裏側が伸びたら、枕を足首にセットしたまま、息を吐きながら上体をゆっくり前に倒します。自分ができるところまで倒したら、10秒キープして元の位置へ。

> オフィスでもできる

# 座ってラクラクダイエット枕

座った姿勢でパソコンやスマホを見ている人も多いでしょう。その時の猫背で上体が前傾した姿勢が、お腹がぽっこりと出て、むくみ、肩こり、腰痛などの不調の原因に。枕を使えばいつでもラクに正しい姿勢をキープできます！

## 正しい座り方

### 枕に寄りかかり耳の穴、肩先、腰の横が一直線になるように意識して

お尻を横ポールに、背骨を縦ポールに沿わせて座ったときに、耳の穴、肩先、腰の真横の出っ張った骨（大転子）が一直線になるのが正しい姿勢。この位置がずれるようなら、枕の空気を抜いて調整しましょう。

## ダイエット枕の正しい置き方

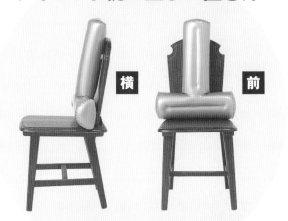

**横** **前**

ダイエット枕の表側が体にあたる向きで、横ポールの上部をイスの座面に、縦ポールを背もたれに合わせます。イスのデザインによって差が出るので、枕を置いて座ってみたときに、体が前に出るような感じがしたら、枕の空気を抜いて調整を！

## 猫背解消　姿勢がよくなることで、集中力もアップ

### 組んだ両手を後ろに伸ばす

枕をセットして正しい座り方で座ったら、両腕を後ろにまわして両手を組みます。胸を開くように、両腕を後ろにひっぱって10秒キープ。

ここの筋肉が伸びる

疲れたときの習慣にしてリフレッシュ！

## 肩こり・首こり解消　パソコン疲れもラクになる！

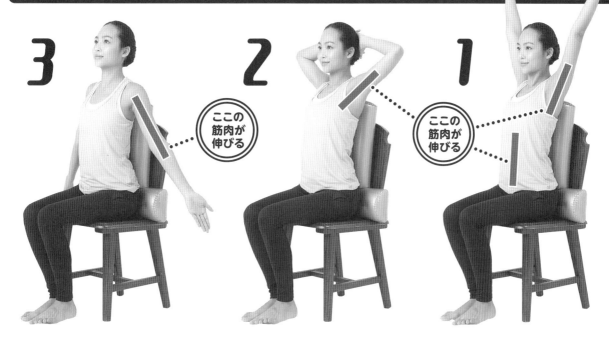

### 3 腕を斜め下に伸ばして腕の内側をストレッチ

腕を斜め下に開いて、腕の内側が伸びたところで10秒キープ。パソコンやスマホで疲れた腕のこりをとります。

### 2 両手を頭の後ろで組んで胸を大きく開く

両手を頭の後ろで組み、ひじを後ろに引いて胸が開いたところで、10秒キープ。縮んだ胸の筋肉群をストレッチして、首・肩のこりをラクに。

### 1 両腕をバンザイしてお腹とわきを伸ばす

両腕を上に上げてバンザイの姿勢になり、お腹とわきが伸びたら、そのまま10秒キープ。肩の血行をアップして肩こりをラクに。

## ヒップアップ　座り姿勢による脚のむくみ解消にも効く！

### かかとを前に出して太ももの裏側を伸ばす

太ももの下に枕の横ポールをセットして、片脚を伸ばし、かかとを突き出して、太ももの裏側が伸びたところで10秒キープ。反対側も同様に。

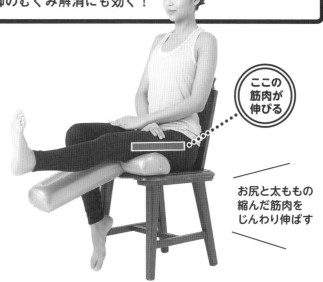

お尻と太ももの縮んだ筋肉をじんわり伸ばす

# ダイエット枕 × ミオドレ式 くぼみ押し でさらに効果アップ!!

ダイエット枕で基本のストレッチをしたまま「ミオドレ式くぼみ押し」もして、ダイエット効果をさらにアップさせましょう。やり方は枕の上に寝たまま、体のいくつかのポイントを押すだけ。なぜこれだけで体が変わるのか、その秘密に迫ります！

## 体がどんどん変わる!?「ミオドレ式くぼみ押し」って何？

体には、何ヵ所かくぼんでいる場所があります。実はこのくぼみに、ダイエット効果や不調改善を促進する、大きな秘密が隠されています。

くぼみがあるのは、筋肉の始点と終点、神経、太い血管が集まっている場所です。筋肉には始点や終点に強く刺激が加えられると、筋肉全体がゆるむという性質があります。同時にその筋肉に挟み込まれた、神経や血管もゆるむので、血行や神経伝達がよくなり、一気に代謝がアップ。さらにくぼみにはリンパの流れを左右するリンパ節もあるので、体の水分の流れもよくなります。

つまり、くぼみを押すだけで、短時間で体全体をマッサージするのと、同じような効果が得られるのです。ダイエット枕に寝て、縮んだ筋肉を伸ばしながらくぼみを押すと、筋肉に刺激が入りやすく、より早くゆるむようになります。ダイエット枕で体幹をストレッチした状態で、くぼみをプッシュ！ 体がポカポカしてきて、ダイエットや不調改善効果が高まりますよ。

## 「くぼみ押し」でダイエット効果アップの仕組み

```
┌─────────────────┐
│  くぼみを押す    │
└─────────────────┘
         ↓
┌─────────────────┐
│  筋肉がゆるむ    │
└─────────────────┘
         ↓
┌─────────────────────────┐
│ 筋肉が挟み込んでいる      │
│ 血管・神経がゆるむ        │
└─────────────────────────┘
         ↓
┌─────────────────────┐
│ 血液やリンパの       │
│ 流れが促進           │
└─────────────────────┘
         ↓
┌─────────────────┐
│  代謝がアップ    │
└─────────────────┘
         ↓
      ★やせる★
```

ボクの猫背も治るかニャ？

郵 便 は が き

**１１２-８７３１**

料金受取人払郵便

小石川局承認

1790

差出有効期間
平成31年5月
3日まで

東京都文京区音羽二丁目
十二番二十一号
講談社　第二事業局
生活文化部第一チーム 行

### 愛読者カード

今後の出版企画の参考にいたしたく存じます。ご記入のうえご投函ください ますようお願いいたします（平成31年5月3日までは切手不要です）。

ご住所　　　　　　　　　　　〒□□□-□□□□

**お名前**　　　　　　　　　　生年月日（西暦）
(ふりがな)

**電話番号**　　　　　　　　　**性別**　1 男性　　2 女性

メールアドレス

**今後、講談社から各種ご案内やアンケートのお願いをお送りしても よろしいでしょうか。ご承諾いただける方は、下の□の中に○をご 記入ください。**

　　　□　講談社からの案内を受け取ることを承諾します

TY 000070-1704

本のタイトルを
お書きください


a 　**本書をどこでお知りになりましたか。**
　　1 新聞広告（朝、読、毎、日経、産経、他）　2 書店で実物を見て
　　3 雑誌（雑誌名　　　　　　　　　　　）　4 人にすすめられて
　　5 DM　6 その他（　　　　　　　　　　　　　　　　　）

b 　**ほぼ毎号読んでいる雑誌をお教えください。いくつでも。**


c 　**ほぼ毎日読んでいる新聞をお教えください。いくつでも。**
　　1 朝日　2 読売　3 毎日　4 日経　5 産経
　　6 その他（新聞名　　　　　　　　　　　　　　　　　　）

d 　**値段について。**
　　1 適当だ　2 高い　3 安い　4 希望定価（　　　　　円くらい）

e 　**最近お読みになった本をお教えください。**



f 　**この本についてお気づきの点、ご感想などをお教えください。**

## どれくらいの強さで押すの？

押しはじめはイタタッと思っても、押しているうちに気持ちいいと感じる〝痛気持ちいい〟強さで押すのがコツ。無理して強く押すのはNGです。

### くぼみの位置

- あご
- 鎖骨
- わき
- みぞおち（横隔膜）
- そけい部（ももの付け根）

## どれくらいの時間をかけて押すの？

1ヵ所5秒押しが目安。まだ押しても大丈夫！と思っても、続けて長い時間押し続けないこと。押す力を一度ゆるめて3セットくらいまでに。

### 枕の位置

P15の乗り方を参考にして、お尻の中央にある骨（座骨）が枕の横ポールの中央線にあたるように枕をセット。

ミオドレ式では、あご、鎖骨、わき、みぞおち、そけい部、お尻のえくぼ、ひざの裏の7ヵ所のくぼみに注目をして、セルフケアを行います。今回のダイエット枕との組み合わせでは、お尻とひざ裏を除いた5ヵ所を刺激してダイエット効果をアップ。

---

## あご

**やせポイント**
- むくみ顔
- フェイスライン
- 二重あご

### 顔の筋肉の始点が集まっているあごの下

基本のストレッチの姿勢になり、あごの骨の下のくぼみに両手の親指をあてます。少しあごを上げて、親指をあごの骨の下にギュッと押し込んだら5秒キープ。

---

## 鎖骨

**やせポイント**
- デコルテ
- 二重あご
- 二の腕

### 鎖骨下の動脈・静脈を開放して血流アップ

基本のストレッチの姿勢になり、左手の親指を右の鎖骨のくぼみに押し込むように5秒押します。反対側も同様に。指を押し込んだまま親指をぐるぐる回して、硬い部分があればそこも押します。

## わき

**やせポイント**
- むくみ顔
- 二の腕
- わき腹

### 血流がよくなり、顔のたるみやむくみに効く

基本のストレッチの姿勢になり、左手を右のわきの下に添える。四指をわきの中央に押し込みながら、親指と四指でわきの前側を5秒ギュッとつかみます。

次に手の位置を変え、親指でわきの下の中央のくぼみを押しながら、四指と親指でわきの後ろ側をギュッと5秒つかみます。反対側も同様に、わきの中央を押しながら、前側と後ろ側をつかみます。

## みぞおち（横隔膜）

**やせポイント**
- ぽっこりお腹
- ずんどうウエスト

### ウエストを引き締め、胃腸の調子もアップ

基本のストレッチの姿勢になり、お腹の筋肉をゆるめるためにひざを曲げます。みぞおちに両手の四指をあて、肋骨の下に指を押し込むように息を吐きながら、5秒みぞおちを押します。

## そけい部（ももの付け根）

**やせポイント**
- ぽっこりお腹
- 太ももやせ
- 脚やせ

### 骨盤の歪みを矯正。お腹や太ももが幅狭に

基本のストレッチの姿勢になり、そけい部を押しやすいようにひざを曲げます。両手の親指をそけい部の中央にあて、親指でギュッと5秒、太ももの付け根を押します。

# 座りながらできるくぼみ押し！

くぼみ押しはダイエット枕をイスにセットして正しい姿勢で行えば、座りながらでも簡単！
仕事の休憩中に行えば、むくみや肩こり、ストレスまで解消して、心も体も軽くなります。

### 鎖骨

右手の親指を左の鎖骨のくぼみにあてます。鎖骨のくぼみに親指を押し込むように5秒ギュッと押します。反対側も同様に。

**やせポイント**
デコルテ
二重あご
二の腕

### あご

正しい姿勢になり、両手の親指をあごの骨の下のくぼみに押し込むように5秒プッシュ。

**やせポイント**
むくみ顔
フェイスライン
二重あご

### そけい部（ももの付け根）

両手の親指を左脚のそけい部にあてます。親指に体重をのせながら5秒、左の太ももの付け根を押します。反対側も同様に。

**やせポイント**
ぽっこりお腹
太ももやせ
脚やせ

### みぞおち（横隔膜）

両手の四指をみぞおちにあてます。肋骨の下に四指を押し込むように息を吐きながら、5秒押します。

**やせポイント**
ぽっこりお腹
ずんどうウエスト

### わき

左手を頭の上にのせ、右手の四指でわきの中央を押し、親指と四指でわきの前側を5秒つかみます。次に手の位置を変えて親指でわきの中央を押し、四指と親指でわきの後ろ側を5秒つかみます。反対側も同様に。

**やせポイント**
むくみ顔
二の腕
わき腹

# ダイエット枕 × ミオドレ式 マッサージ
## でお悩み解決！

「効果がすぐ出る！」と、モデルや女優の熱い支持を集めるミオドレ式マッサージ法。サロンで行っている施術を応用してダイエット枕の上でも実践！ ただしマッサージの際、体がぐらついて安定が悪い場合には、必ず空気を抜いて安定した状態で行ってください。

 **押す** 筋肉の始点・終点が集まったくぼみを押す

 **押し流す** 筋肉内の脂肪をスーッと押し流す

 **つまむ** 脂肪を強くつまんでサイズダウン

枕の位置

### 猫背　体幹を支える筋肉を刺激して、猫背改善＋お腹やせにも効く！

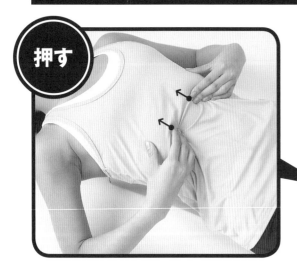

## 1 両手の四指でみぞおちをゆっくりと5秒押す

基本のストレッチの姿勢になり、両ひざを曲げます。両手の四指をみぞおちにあて、肋骨の下に指を押し込むように、息を吐きながら、みぞおちを5秒押します。

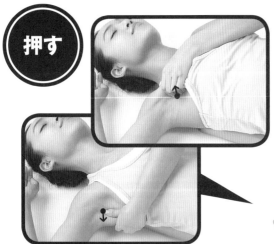

## 2 わきの前と後ろを5秒ずつつかみ押す

両脚を伸ばし、右ひじを上げ、左手の四指でわきの下の中央を押し、親指と四指でわきの前側を5秒つかみます。次に手の位置を変えて親指でわきの下の中央を押し、親指と四指でわきの後ろ側を5秒つかんで押します。反対側も同様に。

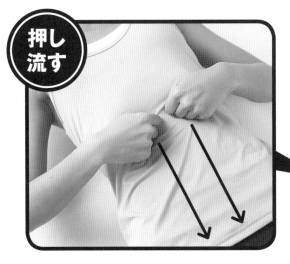

## 3 握った両手でお腹の前面を強めに押し流す

基本ストレッチの姿勢から、お腹とわきの筋肉に刺激が入りやすいように両ひざを曲げます。両手を軽く握り、みぞおちから下腹部に向かって、お腹の前面を10回強めに押し流します。

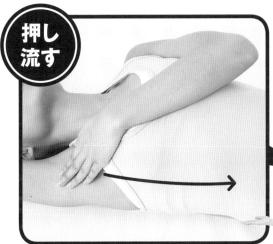

## 4 わきの下から腰に向かって体のサイドを強めに押し流す

3の姿勢から両脚を伸ばして右腕を上げ、左手をわきの下にあてます。わきの下からおへその高さを目安に、右の体の側面を強めに10回押し流します。反対側も同様に。

## 5 両手でギュッとお腹の肉を"つまんで離す"をくり返す

お腹をつまみやすいようにひざを曲げます。両手でギュッとお腹の肉を"つまんで離す"をくり返しながら、お腹全体を10回つまみます。

# 腰痛　筋肉のアンバランスを整えて歪んだ骨盤や背骨を元の位置へ

## 1 両手の四指でみぞおちを ゆっくりと5秒押す

基本のストレッチの姿勢になり、両ひざを曲げます。両手の四指をみぞおちにあて、肋骨の下に指を押し込むように、息を吐きながら、みぞおちを5秒押します。

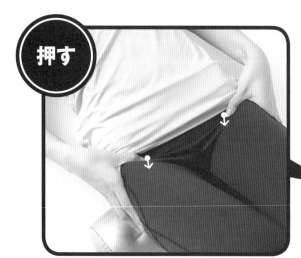

## 2 そけい部を親指でギュッと押す

1の姿勢のまま、両手の親指を太ももの付け根にあてます。親指を押し込むようにそけい部をギュッと5秒押します。

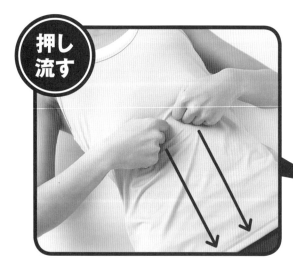

## 3 握った両手でお腹の前面を強めに押し流す

2の姿勢のまま、両手を軽く握り、みぞおちにあてます。そこから下腹部に向かって、お腹の前面を10回強めに押し流します。

# 肩こり

わきの下に集まった肩、背中、胸の筋肉を刺激すると一気に肩の血流がアップ

## 1 鎖骨のくぼみに親指を押し込んで5秒押す

基本のストレッチの姿勢になり、左手の親指を右の鎖骨のくぼみにあてて、くぼみを5秒押します。親指をぐるぐる回して硬いところがあればそこも押します。反対側も同様に。

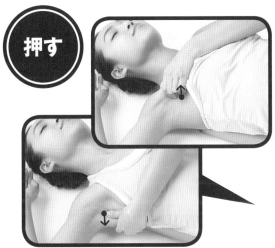

## 2 わきの前と後ろを5秒ずつつかんで押す

1と同じ姿勢で、右ひじを上げ、左手の四指でわきの下の中央を押し、親指と四指でわきの前側を5秒つかみます。次に手の位置を変えて親指でわきの下の中央を押し、親指と四指でわきの後ろ側を5秒つかみ押します。反対側も同様に。

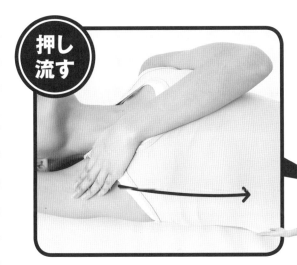

## 3 わきの下から腰に向かって体の側面を強めに押し流す

2の姿勢のまま右腕を上に伸ばし、左手をわきの下にあてます。わきの下からおへその高さを目安に、右の体の側面を強めに10回押し流します。反対側も同様に。

# むくみ

水分を流すポイントを刺激して、顔、脚のむくみを一気にオフ！

## 顔のむくみ

### 1 あごの下を両手の親指で押す

基本のストレッチの姿勢になり、あごの骨の下のくぼみに両手の親指をあてます。親指をくぼみに押し込むように5秒押します。

### 2 鎖骨のくぼみに親指を押し込んで5秒押す

1の姿勢のまま、左手の親指を右の鎖骨のくぼみにあてて、くぼみを5秒押しましょう。親指をぐるぐる回して硬いところがあればそこも押します。反対側も同様に。

### 3 耳の下から鎖骨まで首の側面を押し流す

2の姿勢のまま、左手の四指を右の首筋にあてます。右の耳の下から右の鎖骨に向かって首の側面を10回強めに押し流します。反対側も同様に。

## 脚のむくみ

### ひざ頭で反対側のふくらはぎを強めに押し流す

基本のストレッチの姿勢から両ひざを曲げます。曲げた左ひざの上に右の足首をのせ、右のふくらはぎを左のひざ頭で強めに5往復押し流します。反対側も同様に。

# 便秘  お腹の血流を促して、腸の働きをよくしましょう

## 1 そけい部を親指で ギュッと押す

基本のストレッチの姿勢から両ひざを曲げて、両手の親指を太ももの付け根にあてます。親指を押し込むようにそけい部をギュッと5秒押します。

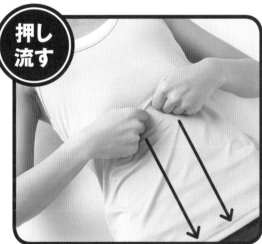

## 2 握った両手で お腹の前面を強めに押し流す

1の姿勢のまま、両手を軽く握り、みぞおちにあてます。そこから下腹部に向かって、お腹の前面を10回強めに押し流します。

## 3 おへそを中心に 「の」の字に押し流す

2の姿勢のまま、両手の指先をお腹の右側にあて、おへそを中心に向かって円を描くように10回押し流します。

誰でも簡単にできて、効果を早く、長くするコツを教えます！

# ダイエット枕Q&A

ちょっと疑問に思うことや、もっと効率よく効果を上げる方法、やってはいけないことなどを、Q&A方式で紹介します。

### ダイエット枕に寝たら腰に違和感が……

### 痛みや違和感を覚えたら、まずは空気を抜いて低くしてみて

枕で腰やひざ、肩などに違和感を覚えたら、そのまま続けずダイエット枕からおりましょう。まずはダイエット枕の空気を抜いて高さを低くしてから、もう一度トライ！ 高さを低くすることで負荷が軽くなります。それでもまだ違和感を覚えるようなら、体に何らかの異常があるかもしれません。そのときは専門医に相談してから行いましょう。

### やってはいけない人はいる？

### 老若男女誰でもOK。妊娠中は専門医に相談を！

ダイエットや姿勢矯正目的の人はもちろん、勉強やゲームで姿勢が気になる子どもの姿勢矯正としてもピッタリです。底辺が安定しているT字形の枕は転がりにくいので、年配の方でも安心して使えます。産後の歪んだ骨盤矯正サポートや、産後ダイエットにも向いているのですが、妊娠中や産後すぐ使用する場合には、まずは専門医に相談を！

### 10分以上、寝転んでいても大丈夫？

### 気持ちよければ、15分くらいまではOK

本書ではオススメの使用時間は3〜10分としましたが、寝ていても違和感を覚えず「気持ちいい〜」と感じるようなら、15分くらいはそのまま寝ていても大丈夫。長く寝れば、硬くなった筋肉も奥までじわじわとストレッチできます。

### いつ行うのが一番効果的？

### いつ行ってもOK！夜行えば、一日の疲れとりに最適

同じ姿勢を続けて疲れたとき、リフレッシュしたいとき、夜のリラックスタイム……、いつ使ってもOK。ただし、食後すぐは胃が伸ばされると気分が悪くなる場合もあるので、食後1時間以上たってから行いましょう。オススメなのは、夜、お風呂から出たタイミング。筋肉は温まると血行が促進されて、伸び縮みしやすくなるのです。そのタイミングでダイエット枕に寝れば、縮んだ筋肉も伸びやすく、質のいい筋肉になるので、筋肉のバランスがとりやすくなります。

### 一日何回やってもいいの？

### 何回やってもOK。気分転換にも最適！

本書では筋肉をいい状態にクセづけるために、一日1回以上行って！と書きましたが、1回だけでなく、何回行ってもOK。枕で筋肉が伸ばされると血行がよくなるので、体中に活力がみなぎり、リフレッシュできます。

### 空気がうまく入りません

### P12のチェックでもう一度確認を！

空気弁の根元を指でしっかりつまんで空気を入れてください。市販の持ち手タイプの空気入れを使用すると、簡単に入れられます。また、空気は時間とともに多少抜けていきます。抜けた場合は弁から空気を入れなおしてください。

**Q ダイエット枕のやせ効果をアップするためにやるべきことは？**

 **A P26〜で紹介しているミオドレ式マッサージをプラスして**

枕に寝て、筋肉が伸びた状態でミオドレ式のマッサージを行うと、脂肪を分解、押し流しやすくなるので、脂肪燃焼効率がアップ。これはソリデンテの施術で行っているのと同じこと。ダイエット効果をさらに上げたいと思ったら、ストレッチにプラスしてマッサージを行ってみましょう。

 **Q やせるためには運動や食事制限をしたほうがいい？**

 **A ムリな運動は必要ナシ。食事は食べすぎに注意**

筋トレやランニングなど、激しい運動は同じ筋肉ばかりが使われて、逆に筋肉を硬くする原因に。気分転換程度の運動ならいいけれど、「疲れた、もう動きたくない！」と思うキツい運動は必要ありません。また、食事は極端に減らす必要はありませんが、食べすぎには注意。腹八分目を目指しましょう。

 **Q 2〜3か月使用したら、破れた。穴があいた。どうすればいい？**

**A 修繕しようとせずに、新しいダイエット枕に買い替えを**

使い方にもよりますが、一定期間使用していると劣化して破れたり、穴があいたりすることがあります。そんなときは修繕して再使用しようとせずに、新しいダイエット枕に買い替えてください。一度劣化した素材は元に戻ることはないので、再び破れたり穴があいたり、広がったりする危険性があります。十分ご注意ください。

ママ、ボクも猫枕欲しいニャ

 **Q 汚れたときはどうすればいい？**

**A 水を含ませてから固くしぼったタオル等で、軽くふき取ってください**

汚れたときには直接水に濡らしたり、洗剤をつけたりせずに、水を含ませてからしっかりしぼったタオル等で、軽くふき取りましょう。ほとんどの場合、それで汚れが落ちます。

 **Q どれくらいで効果が出るの？**

 **A 1ヵ月続ければ、体が変わってきます**

ウエストサイズは、1回で使用前と後のサイズが変わる人もいます。これは下がった内臓が正常な位置に戻ったから。この落ちたサイズをキープするために毎日続ければ、1ヵ月くらいでサイズが元に戻らなくなります。また、むくみ、腰痛や肩こりなどの不調は、硬い筋肉がやわらかくなればすぐに効果を感じることができます。

 **Q ダイエット枕を使わないときはどこへ置いておくのがいい？**

 **A 直射日光の当たらないところで保管して**

枕を保管する際には、直射日光の当たらないところに置きましょう。また、長期間使用し続けると、空気が少しずつ抜けてくる場合も。毎回、乗る前にダイエット枕を押して、空気の入り方をチェックして、空気を入れたり、抜いたり調整してから使用しましょう。

 **Q ダイエット枕はどこで使うのがオススメ？**

**A 柔らかい布団の上での使用は不向き**

枕を寝転んで使う場合には、枕の底辺が平らになるように、ある程度の硬さのある畳やカーペットの上で使用しましょう。柔らかい布団の上で使用すると底辺が平らにならないので、筋肉を上手にストレッチできません。

# ミオドレ式寝るだけダイエット枕　ご使用上の注意

## ※ご使用になる前に必ずお読みください。

◆ 空気漏れの原因になりますので、空気弁は奥まで確実に押し込んでください。

◆ 空気の入れすぎは破損の原因になります。本体部分にしわが少し残るぐらいが適量です。

◆ 空気は時間とともに多少抜けてきます。抜けた場合は空気弁から空気を入れ直してください。

◆ 付録のみの販売はしておりませんので、ご了承ください。

◆ 本品は医療目的では使用できません。

◆ 使用感には個人差があります。

◆ 本来の目的、用途以外に使用しないでください。特に風呂、プール、海などで浮き遊具として取り扱わないでください。

◆ 小さなお子様の手の届かないところで使用・保管してください。

◆ 振り回したり、強い力で引っ張るなどの乱暴な取り扱いはしないでください。破損やけがの原因になります。

◆ 火のそばや高温になるところに置かないでください。

◆ 洗濯機及び乾燥機のご使用はお避けください。

◆ アルコール、ベンジン、シンナーなどの有機溶剤のご使用はお避けください。

◆ 汗や摩擦により色落ちしたり、洋服などに色移りすることがあります。

◆ 尖ったものや鋭利なもので傷つけないようご注意ください。

◆ 素材の特性上、開封時ににおいが残る場合があります。
気になる場合は風通しのよいところで陰干ししてからご使用ください。

◆ 保管する場合は、ほこりや汚れをよく拭き取ってください。
カビ発生防止のために多湿の場所は避け、風通しのよいところで保管してください。

◆ 高圧ポンプなどのご使用はお止めください。

◆ 廃棄の際は、各地方自治体の廃棄区分に従ってください。

◆ 付録としてコンパクトに折り畳んでおりますので、折りじわや空気弁跡による交換はご容赦ください。

◆ 包装は輸送時の保護用のものです。包装の破損や汚れによる交換はご容赦ください。

◆ 空気弁の奥に空気の逆流を抑える「逆止弁」がありますが、こちらは完全に空気を止めるものではありません。あくまでも補助的なものです。空気が止まらなくても不良品ではありません。

◆ 逆止弁が変形し空気が出やすくなってしまっているときは、本製品を膨らましたまま数日ご利用ください。自らの空気圧で変形が戻ってきます。

材質：PVC
非売品
生産国：中国

箱： 　袋：

**使用方法や内容に関するお問い合わせ先**
株式会社講談社　生活文化部第一チーム
☎03-5395-3527
受付時間　平日9：30～17：30
（土・日・祝日・年末年始をのぞく）

**本品の不良品に関するお問い合わせ先**
株式会社講談社　業務
☎03-5395-3615
受付時間　平日9：30～17：30
（土・日・祝日・年末年始をのぞく）

「ミオドレ式寝るだけダイエット枕」の耐用期間の目安は、空気を入れて膨らませて使用する製品の特徴と、毎日使っていただく性質上、毎日10分程度のご使用をしていただいた場合2～3ヵ月程度となっております。それ以上お使いの場合、素材や加工箇所の劣化のため、空気が抜けてくることがあります。正常な使用方法での劣化による製品の交換はご容赦願います。また誤った使用方法による本品の破損、本品のご使用による健康障害などのトラブルにつきましては責任を負いかねますので、ご了承ください。ご自身の責任において、無理のない範囲でご使用ください。